L'ABBÉ GOUJON

VICAIRE DE SAINT-SULPICE

ET

DOYEN D'AGE DU CLERGÉ DE LA PAROISSE

NOTICE BIOGRAPHIQUE

PAR

L'ABBÉ GOUNELLE

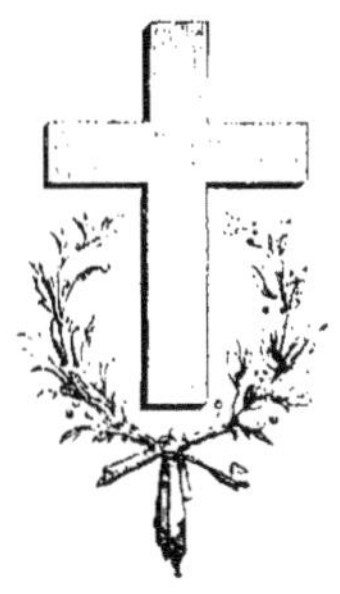

L'ABBÉ GOUJON

VICAIRE DE SAINT-SULPICE

ET

DOYEN D'AGE DU CLERGÉ DE LA PAROISSE

NOTICE BIOGRAPHIQUE

PAR

L'ABBÉ GOUNELLE

L'ABBÉ GOUJON

NOTICE BIOGRAPHIQUE

L'abbé Goujon était Parisien, *Parisinus,* et non pas seulement *Parisiensis,* suivant les expressions adoptées pour l'appel aux saints Ordres, et dont la première désigne les clercs natifs de la ville même, tandis que la seconde s'applique à ceux qui, fussent-ils nés ailleurs, n'en font pas moins partie du diocèse. La même rive de la Seine, cette rive gauche qui semble former une ville propre au sein de la grande ville; ce n'est pas assez dire, le même quartier et presque le même coin de ce même quartier devaient posséder tout à la fois le berceau et la tombe de ce vrai et fidèle Parisien.

1.

Pierre-Marie-Joseph Goujon naquit le 8 prairial an X de la République (28 mai 1802), rue du Cherche-Midi, n° 290, division de l'Ouest, de Jean-Joseph Goujon, marchand épicier, et de Marie-Charlotte-Françoise Pécaut, mariés à Paris en cet arrondissement, le 19 brumaire an V. (Extrait des registres de l'état civil.)

La maison où notre confrère est né serait, d'après les souvenirs des membres restants de la famille, celle qui porte présentement le n° 20 ; c'est encore là que résidaient les parents lorsque, en 1822, il tira au sort. On ne doit pas s'étonner de la divergence entre le numéro ancien et le numéro actuel ; en ce temps-là, les numéros étaient continus pour le même quartier ; ce 290 d'une rue qui n'a jamais compté un aussi grand nombre de maisons, pas plus à droite qu'à gauche, était simplement celui de la division de l'Ouest, comme il est spécifié dans l'acte même.

Nous avons connu le père de M. Goujon, qui n'est mort qu'en février 1860, à peu près au même âge où devait mourir son fils. Il avait exercé plusieurs professions, entre autres celle de logeur, et en dernier lieu il était retraité comme facteur de la poste. C'était un petit vieillard, très-exact à fréquenter l'église, où il entendait la messe tous les jours ; il la servait même d'ordinaire, si nous avons bonne mémoire, et le plus souvent à l'abbé lui-même, tant du moins qu'il conserva ses facultés, que l'extrême vieillesse devait lui enlever. Nous croyons encore le voir se diriger à petits pas pressés et le corps penché en avant vers l'autel de la sainte Vierge.

Pierre-Marie-Joseph fut baptisé dès le surlendemain de sa naissance, soit le 30 mai 1802, comme nous l'apprend un petit cahier où l'enfant, devenu homme et prêtre, devait noter avec soin les dates de sa vie consacrées par quelques souvenirs pieux. Il reçut au baptême, de parents foncièrement chrétiens, les trois plus beaux noms qu'il soit possible de donner à un jeune néophyte, si l'on excepte le nom du Sauveur, que la coutume de France ne permet guère d'imposer. Ces noms, surtout celui de Joseph, et plus encore celui de Marie, attribué à un garçon, étaient alors, il nous semble, d'un rare usage, même au sein des meilleurs foyers. La cérémonie eut lieu à Saint-Thomas d'Aquin, l'Abbaye-aux-Bois n'étant pas encore érigée en paroisse. Un frère et deux sœurs plus jeunes, bien que nés dans la même maison que leur aîné, furent baptisés plusieurs années après dans cette dernière église.

Quand le jeune Joseph fut arrivé à l'adolescence, ses parents s'empressèrent de le confier aux mains habiles et dévouées de l'abbé Liautard. L'établissement fondé par cet abbé, le premier sans conteste des établissements libres d'alors et l'un des meilleurs même qui aient jamais existé, était situé rue Notre-Dame des Champs, nᵒ 28, et fut l'origine du glorieux collége Stanislas. C'était la grande maison d'éducation chrétienne sous la Restauration, et ils sont innombrables, les jeunes gens, ecclésiastiques ou laïques, qui y ont puisé, avec le goût des belles-lettres, l'amour et le culte du bien. Joseph était, avons-nous dit, l'aîné de la famille Goujon. Un bulletin mensuel de l'institution Liautard, retrouvé au milieu de vieux papiers, bulletin qui va du 15 juillet au 15 août 1814, nous révèle que l'enfant, en sixième à cette époque, se conduisait bien, travaillait mieux encore, qu'il était fort en latin et plus fort en grec, et qu'il avait pour compagnon de pension, sinon de classe, son frère cadet; car une note élogieuse, signée Liautard, porte que « les deux petits enfants deviendront, on l'espère, de très-bons sujets » .

Le frère dont il est ici question embrassa plus tard la médecine, et, aussi honorable praticien que chrétien fidèle, il ne cessa jusqu'à sa mort, survenue en 1856, d'exercer dans le quartier et d'en édifier les habitants; il servait de second ou,

si on l'aime mieux, de lieutenant au docteur Vil-
leneuve. Il n'était point marié, et, quoiqu'il eût,
rue de Sèvres, 8, son domicile particulier et son
cabinet de consultation, il ne laissait pas que de
prendre chaque jour son repas du soir en famille.
Quand le docteur mourut, le prêtre composa en
forme d'épitaphe et fit graver sur la tombe le
quatrain suivant :

Modeste et généreux chrétien,
Il a, sans se lasser, suivi la voie étroite ;
Il a passé faisant le bien,
Et sa gauche ignorait ce que faisait sa droite.

Le docteur Goujon était, de plus, grand ama-
teur de médailles bien conservées et de monnaies
anciennes.

Mais à l'heure où nous sommes, Napoléon
avait quitté l'île d'Elbe, Louis XVIII s'était re-
tiré à Gand, et la France voyait, pour son
malheur, commencer cette déplorable aventure
des Cent-Jours, qui allait tout remettre en question. Ces bouleversements politiques qui devaient
être bientôt suivis du désastre de Waterloo et
d'une nouvelle invasion, ne parvinrent pas cependant à suspendre la vie religieuse dans l'institution Liautard. Le jeune Goujon faisait sa première
communion dans la chapelle de l'établissement, à
Paris, le 23 avril 1815, et, un peu plus de deux

mois après, le premier jour de ce triste mois de juin qui devait voir s'éclipser pour la seconde fois la gloire militaire et la fortune de la France, l'enfant recevait le sacrement de Confirmation à Gentilly, dans la chapelle de la maison de campagne. L'année suivante, le nouveau confirmé, en qui sans doute on avait reconnu des aptitudes à l'état ecclésiastique et de sérieux germes de vocation, entrait au petit séminaire, alors dirigé par l'abbé Thavenet, prêtre de Saint-Sulpice. C'était le 13 février, ainsi que le relate l'agenda-mémorial dont nous avons déjà parlé, et ce dut être un grand jour pour le futur prêtre, puisqu'il en a gardé si fidèle mémoire. Au surplus, le petit séminariste ne devait pas démentir les espérances que donnait l'élève de la pension Liautard. Nous avons découvert, en effet, un certificat daté du 22 juin 1816, *pour servir*, est-il dit, *à ce que de droit*, dans lequel le supérieur du petit séminaire atteste « que M. Pierre-Marie-Joseph Goujon se comporte fort bien, que le maître qui préside à l'étude lui a toujours donné les plus excellentes notes, qu'il ne manque pas de talents; qu'ordinairement il tient dans sa classe un rang distingué ». En historien véridique, nous devons ajouter que le certificat se termine par cette remarque du bon M. Thavenet, remarque qui ne manquera pas de faire sourire, aujourd'hui que l'expérience a prononcé sur la valeur du diagnostic : « Le seul reproche que lui fasse son professeur, c'est qu'il néglige ses devoirs ; sur quoi je crois devoir observer que ce qui serait négligence dans un autre pourrait bien n'être en lui qu'un effet de l'*état habituel de sa mauvaise santé*. » Que le lecteur veuille bien en être persuadé, nous ne nions pas le moins du monde l'*état habituel de la mauvaise santé* du jeune Goujon, et nous sommes très-disposé à attribuer, avec l'indulgent supérieur, à cette cause trop légitime la négligence dont on se plaint et qui nous semble d'ailleurs peu d'accord avec les bonnes notes et les bonnes places signalées ; mais nous ne pouvons nous empêcher de constater que voilà un jeune valétudinaire qui, à la suite de Voltaire, de Fontenelle et de tant d'autres jeunesses maladives, trompera les craintes que sa mine chétive peut faire concevoir et mourra plus qu'octogénaire.

L'attestation qu'on vient de lire avait pour but, c'est plus que probable, de préparer l'appel à la tonsure. Le siége archiépiscopal de Paris était vacant ; les vicaires généraux capitulaires, en tête desquels était l'abbé Jalabert, avaient prié Mgr de la Til, alors évêque d'Amyclée et évêque nommé de Chartres, de faire l'ordination ; elle eut lieu à Saint-Sulpice, le 20 décembre 1817 ; l'enfant (Joseph Goujon n'avait que quinze ans et demi) y fut tonsuré. Voici quelques-unes des résolutions prises en ce jour-là par l'heureux petit clerc et qu'il eut soin de transcrire *ad memorandum*. Ces résolutions étant au nombre de vingt-six, nous faisons un choix de celles qui nous ont paru offrir un intérêt spécial, vu surtout l'âge relativement tendre de celui qui tient la plume. Le petit cahier, composé d'une douzaine de pages d'une écriture fine et serrée, s'ouvre par un préambule un peu solennel : — Moi, Pierre-Marie-Joseph Goujon, ayant eu le bonheur de recevoir aujourd'hui, 20 décembre 1817, la tonsure cléricale et de prendre Dieu pour la portion de mon héritage,

Fais résolution :

1° De me donner tout à Dieu, de m'appliquer à acquérir la vie spirituelle en faisant toutes mes actions par des motifs de foi, de m'occuper de Dieu le plus souvent qu'il me sera possible, de m'entretenir autant que je le pourrai de Dieu ou des choses de Dieu, de faire tout pour Dieu et de ne rien entreprendre sans avoir prié Dieu et le lui avoir offert ;

8° De me livrer avec modération aux plaisirs,

même les plus innocents, ne les regardant que comme propres à dissiper l'esprit et à le rendre incapable de s'appliquer aux choses divines;

12° D'avoir une grande dévotion à Jésus enfant, au Saint Sacrement, à la sainte Vierge et au Sacré-Cœur (ces derniers mots sont ajoutés après coup et comme pour réparer une omission; aussi ne sont-ils pas à leur place, la dévotion au Sacré-Cœur devant primer la dévotion à Marie);

20° D'éviter le plus petit péché véniel de propos délibéré;

21° D'être continuellement en guerre avec mes défauts et de m'examiner tous les jours en allant au dîner, pour voir dans quelles fautes j'aurai pu tomber depuis la veille et les éviter à l'avenir;

. . . . etc.

Il s'écoula naturellement un laps de temps assez considérable entre ce premier pas dans la cléricature et les suivants, et M. Goujon, durant l'intervalle, fut admis au grand séminaire, le 9 octobre 1820.

A partir du 20 décembre de la même année, où Mgr de Quélen lui conféra les Ordres mineurs dans la chapelle de l'archevêché, ses ordinations se succèdent à intervalles à peu près réguliers.

Le 18 décembre de l'année suivante, il recevait, dans la même chapelle et des mains du même prélat, l'Ordre du sous-diaconat. Le 28 mai 1825, il était ordonné diacre à Saint-Sulpice, avec la permission de l'Ordinaire, par Mgr de la Bruë de Saint-Bauzille, évêque de Tempé ; enfin Mgr de Quélen en personne l'ordonnait prêtre en sa chapelle archiépiscopale, au bout d'un an, selon l'usage, le 20 mai 1826, et le lendemain le nouveau prêtre célébrait sa première messe. Plus de soixante ans, — *longum ævi spatium*, — devaient se passer jusqu'au 4 novembre 1886, où seulement quatre jours avant sa mort il célébrerait la dernière.

En 1826, la paroisse de Saint-Sulpice avait pour curé M. l'abbé de Pierre. L'onction sacerdotale que M. Goujon venait de recevoir n'avait pas eu le temps de sécher, et ses mains étaient, pour ainsi dire, encore humides de l'huile sainte, qu'il était nommé, suivant le terme consacré à cette époque, prêtre administrateur de cette même paroisse de Saint-Sulpice, qu'il ne devait plus quitter et où il devait mourir, pareillement au bout de soixante années, avec le titre de vicaire honoraire. Il prit possession, le 30 juin, aux premières vêpres de la Saint-Pierre, fête patronale.

Cinquante ans après cette prise de possession, en 1876, vieillard vénéré, il célébrait ses doubles noces d'or, fêtant en même temps le cinquan-

tième anniversaire de sa prêtrise et celui de son
vicariat, et, si la faiblesse physique ou la modestie
peut-être ne l'en avait empêché, on eût pu le voir,
en 1886, faire mieux encore et célébrer, cette fois,
par un privilége assurément bien rare, de doubles
noces de diamant! Nous nous abusons fort, ou
l'on ne doit pas rencontrer dans l'histoire de
l'Église beaucoup de faits de ce genre; on ne
doit pas pouvoir citer beaucoup d'ecclésiastiques,
même parmi ceux qui ont fourni la plus longue
carrière, à qui pareille chose soit arrivée.

Les premières années du ministère de M. Goujon, grâce aux agitations civiles, furent cruelle-
ment troublées: il courut même d'imminents et
très-graves dangers, et bien peu s'en est fallu
qu'il n'y laissât la vie. C'était pendant l'une des
journées de juillet 1830; il avait accompagné un
mort au cimetière du Père-Lachaise, n'ayant pas
craint, pour rendre au défunt ce devoir de cha-
rité, de traverser presque de part en part la ville
soulevée; il s'en revenait, heureux peut-être
d'avoir, il le pensait du moins, échappé au péril,
dont cette longue course le long des rues barri-
cadées lui avait révélé la gravité, lorsqu'un groupe
d'insurgés survient, criant, blasphémant, ivres de
fureur; ils mettent en joue le pauvre prêtre, et
une balle, non quelques grains de plomb comme

nous l'avons écrit une première fois par erreur,
l'atteint derrière la tête et lui fait une blessure
telle qu'il tombe inanimé; on le crut mort, et si
bien mort qu'on faillit le jeter à la Seine comme
un cadavre dont il n'y avait plus qu'à se débar-
rasser. Sur ces entrefaites, par bonheur passait un
jeune interne des hôpitaux qui connaissait et
vénérait notre confrère. Crut-il découvrir en lui
quelques faibles restes de souffle, ou bien voulut-il
simplement arracher ses dépouilles à une sépul-
ture aussi sommaire et qui touchait à la profana-
tion? Toujours est-il qu'il enleva lui-même ou fit
emporter le prétendu cadavre, et qu'il le cacha
dans une maison sûre, tant que durèrent les
bouillonnements de l'émeute triomphante, deve-
nue une révolution; il prodigua au blessé des
soins habiles et incessants, et fit si bien qu'il par-
vint à le rendre à la vie et à conserver à l'Église un
ministre qui devait la servir aussi longuement
que vaillamment. M. Goujon, peu expansif par
nature, et d'autant plus réservé à parler de cet
événement qu'il y avait joué un rôle honorable,
n'aimait point à s'en ouvrir, et c'est ce qui explique
comment nous avons pu être trompé sur les
détails; l'éveil nous a été donné par un mot
étrange du carnet où il inscrivait les dates et les
anniversaires mémorables. Y ayant lu cette courte

mais énigmatique mention : « Juillet 1880, cinquantième anniversaire *de survivance* », nous avons voulu avoir la clef de l'énigme, et force a bien été aux siens de nous raconter le fait, tel que nous venons à notre tour de le rapporter. Il parait même que, lorsque enfin M. Goujon a rendu son âme à Dieu, c'est la partie du crâne frappée par la balle, et où était restée une cicatrice, qui la première a changé de couleur et s'est altérée sous l'action de la mort.

Il est une autre circonstance qui ne fait pas moins d'honneur au zèle sacerdotal de notre confrère, mais qui, hélas! est moins glorieuse pour les paroissiens de Saint-Sulpice de ces temps éloignés. Nous croyons cependant devoir mentionner le fait, à cause de l'enseignement qu'il renferme et des espérances qu'on peut en tirer, au milieu des tristesses de l'heure présente. En 1832, lors du sac de Saint-Germain l'Auxerrois, toutes les paroisses de Paris purent se croire à la veille de scènes analogues, et MM. les curés durent prendre des mesures de prudence pour dérober à la destruction ou à la rapine les vases sacrés et les reliques, trésor de leurs églises respectives. M. Goujon se chargea de découvrir, parmi les fidèles de Saint-Sulpice, les dépositaires à qui l'on pourrait confier ces saintes richesses et

qui s'estimeraient trop honorés d'avoir à les
garder. Le jeune et dévoué prêtre parcourut la
paroisse du nord au sud, de l'est à l'ouest; il frappa
à toutes les portes, choisissant naturellement de
préférence celles des habitations où demeuraient
les chrétiens les plus renommés pour leur piété, les
familles faisant profession spéciale de dévotion.
Partout, partout, il essuya des refus; partout,
comme Joseph à Bethléhem, il trouva portes
closes. On ne voulait pas, on l'avouait crûment,
attirer sur soi la colère des émeutiers; on crai-
gnait l'invasion violente du domicile, l'incendie,
les attentats contre les personnes. Désolé, mais
plus honteux peut-être encore de rencontrer tant
de lâchetés, M. Goujon rapportait, la tête basse,
et vases sacrés et reliques, dont personne n'avait
voulu sur cette paroisse qui n'en avait pas moins
dès lors la prétention, contradiction singulière,
de passer pour la fleur des paroisses de Paris,
lorsque, tout près de rentrer à l'église et déjà
sur le seuil, il songea à une demoiselle B..., dont
nous croyons ne devoir donner que l'initiale,
mais dont chaque lettre du nom est connue du
Ciel.

La pieuse demoiselle demeurait rue Garancière, nº 4; elle accueillit l'envoyé de son pasteur
avec une respectueuse joie, et ce fut avec des

transports de reconnaissance qu'elle reçut de ses mains le précieux dépôt et qu'elle le mit à l'abri dans le lieu le plus secret de son logement. Cette généreuse chrétienne est morte dernièrement; Dieu l'a bénie et l'a fait prospérer jusqu'à son dernier jour, à l'exemple de cet Obédédom que la sainte Écriture nous représente comme ayant été l'objet de bénédictions toutes particulières pour avoir donné l'hospitalité à l'arche. Or nous prétendons, et c'est la moralité qui pour nous ressort de ce récit, nous prétendons qu'aujourd'hui il ne serait presque pas un seul chrétien de cette chère paroisse, en tout cas pas une seule maison qui ne consentirait volontiers à braver même une certaine somme de périls pour avoir l'honneur de donner asile à quoi que ce pût être, hommes ou choses, pouvant se recommander de la sainte Église et de Dieu. Il y a là un véritable progrès, progrès incontestable; les méchants sont nombreux, plus nombreux peut-être qu'autrefois, et ils sont en proie à une véritable rage irréligieuse; mais, si les bons sont en minorité, beaucoup ne se laissent ni intimider ni attiédir, et répondent à la haine des autres par un amour à tout le moins aussi ardent. Nulle part l'indifférence; les camps sont tranchés; les lignes de démarcation sont nettes; peut-être cela vaut-il mieux après tout; oui, cela vaut mieux.

Nous ne saurions dire si, dès le principe, M. Goujon fut chargé de l'une des messes tardives, réservées d'ordinaire aux prêtres dits habitués, dont c'est en quelque sorte la principale fonction. Aussi loin que remontent nos souvenirs, il nous apparaît tel qu'on a pu le voir jusqu'en ces dernières années, sauf les plus récentes, disant dans la semaine la messe de midi et le dimanche la messe d'une heure ; ce qui ne l'empêchait pas d'exercer en même temps, cumul pénible et par là même fort rare, les fonctions les plus laborieuses du ministère actif. Il faut en excepter toutefois la prédication, qu'il n'aborda jamais, sans nul doute par suite d'une défiance excessive de ses forces ; car ni la science, ni la parole, ni l'esprit certes ne lui faisaient défaut.

Mais les aptitudes spéciales de M. l'abbé Goujon étaient un véritable talent pour entretenir et améliorer le matériel de l'Église et le don tout personnel, don peu commun à pareil degré, de tirer parti des moindres coins et des emplacements même les plus incommodes pour installer, organiser et ranger tout ce qui concerne le service divin.

C'est ce talent et ce don, auxquels se joignait naturellement le goût (on aime ce que l'on fait bien), qui déterminèrent M. Colin, devenu curé, à lui confier le soin de la sacristie et à lui donner un logement dans l'église même, pour qu'il fût plus à portée du théâtre de son zèle. Cependant il n'avait pas attendu l'arrivée du nouveau pasteur pour manifester ces dispositions d'un ordre particulier qui eussent fait de lui, dans les siècles de foi, un membre précieux de l'association des frères pontifes. Il s'était déjà ardemment et efficacement occupé, sous l'administration de M. de Pierre, de ces belles cloches, notre orgueil, dont l'ample et majestueuse sonnerie le dispute aux tintements, tout à la fois si pleins et si graves, du bourdon de Notre-Dame lui-même. Si donc ce prêtre sacristain n'était pas, à proprement parler, un artiste, n'ayant point, à notre sens du moins, un irréprochable goût du beau, c'était à tout le moins un adroit organisateur. Louis Veuillot parle quelque part d'un incrédule qui commence par se pâmer d'aise, puis finit même par se convertir à la vue d'une graine de catalpa aux compartiments si intelligemment ordonnés et si merveilleusement remplis. Il nous est arrivé plus d'une fois de songer à cette admirable graine, en présence des installations, relativement presque aussi admirables, imaginées par le digne abbé.

Ce logement sis au-dessus de la sacristie, et qui convient si bien au vicaire chargé de la garde et

de l'entretien de l'édifice, notre confrère le conserva après qu'il eut résigné, du temps même de
M. Colin, le titre et les fonctions de trésorier et
de sacristain. Le procès-verbal de la séance tenue
le 13 décembre 1850 par le conseil de Fabrique
relate la concession de ce privilége, et une lettre
fort honorable pour le démissionnaire, écrite longtemps après, le 25 janvier 1863, par M. Buchère,
avocat conseil, en confirmant au nom de M. Hamon
et de la Fabrique d'alors la jouissance du susdit
privilége, constate que cette nouvelle faveur est
accordée *en reconnaissance des services rendus à
la paroisse pendant trente-sept années d'exercice
du saint ministère*.

C'est là, dans le logement privilégié, à quelques
enjambées du Maître dont il fut toujours le courageux et fidèle serviteur, que notre vénérable
confrère devait rendre le dernier soupir. Il avait
été l'un des quelques ecclésiastiques de l'ancien
clergé conservés lors de l'établissement de la communauté; il en était le seul survivant, à l'heure où
il mourait, sous l'administration du curé actuel,
M. Méritan.

L'abbé Goujon était infatigable. Prêtre de l'an-
cienne école, il ne s'accordait jamais de vacances
et ne comprenait même pas que, devant les exi-
gences d'une vie surmenée, telle que celle à

laquelle nous condamne le ministère de Paris, les tempéraments moins robustes dussent se résigner à en prendre. Pas plus que les jeûnes prolongés, les travaux eux-mêmes, et des travaux de toutes sortes : travaux de cabinet, courses lointaines, longues séances au confessionnal, ne semblaient avoir de prise sur cette nature si fortement constituée au service d'une âme exceptionnellement énergique. M. Goujon posséda durant quelques années, à notre connaissance, une très-modeste maisonnette à Clamart; il y avait installé, croyons-nous, sa famille et y allait quelquefois dîner pendant la belle saison; mais c'était tout.

Vingt fois par jour, vingt fois sans exagération, et certains jours peut-être plus fréquemment encore, il descendait les marches, au nombre de quatre-vingt-dix-huit (pas une de moins), qui séparaient de l'église sa résidence aérienne. Une sonnette avait été établie de la sacristie jusqu'à son appartement; un tintement l'avertissait qu'on réclamait en bas sa présence, parfois pour quelque nécessité de service, mais le plus souvent pour un pénitent qui l'attendait au confessionnal. A peine remonté, l'appel retentissait de nouveau, et, quoiqu'il se fût déjà remis à son bureau et eût déjà repris quelque travail de tête, sans impatience, sans même se plaindre, il redescendait son inter-

minable escalier. Avec quelles délices son ange
gardien, pour peu qu'il ressemblât au bon ange
du solitaire de la légende, a-t-il dû compter et
enregistrer à la colonne de l'*Avoir* les innombrables pas faits par le prêtre soit à la descente,
soit à la montée! Quelle somme d'efforts suppo-
sent, étant donnée une si longue existence, tous
ces degrés tant de fois franchis et refranchis!
Efforts d'ailleurs d'autant plus méritoires que la
douceur s'allie rarement à l'énergie, et que, nous
l'avouerons, la patience était peu dans les cordes
du brave ecclésiastique.

Il est cependant un fait qui prouve combien à
l'occasion il savait se montrer endurant et... tout
ensemble habile. Comme l'anecdote a un côté
plaisant et prête à rire, nous avons hésité à la
narrer; nous aurions été désolé qu'on pût nous
accuser d'avoir porté, même involontairement,
atteinte à une mémoire à laquelle nous voudrions
au contraire attirer tous les respects; nous avons
donc au préalable conté notre cas à des personnages haut placés, judicieux, dont la parole fait
pour nous autorité. Ces personnages, en tête desquels nous pourrions citer un prélat dont les avis
empruntent leur plus grand poids moins à sa haute
situation qu'à la sûreté de son tact et à une indé-
niable sagesse, loin d'approuver nos scrupules, se

sont plu à nous faire remarquer qu'en fin de
compte l'aventure est tout à l'honneur de la patience, de l'esprit, du zèle sacerdotal de notre
confrère, en même temps qu'elle est de sa part
un gage d'aimable bonhomie, puisque nous
n'avons connu que par son témoignage les détails que nous allons reproduire.

Un soir de novembre (il était plus de huit
heures), par une pluie battante ou plutôt dilu-
vienne, un ouvrier se présente chez M. Goujon.
« Monsieur l'abbé, dit-il en entrant, je viens vous
chercher pour ma femme malade. — Ce n'est
pas moi qui suis de garde. — Je le sais; mais
la malade est votre pénitente. » Et l'individu se
nomme. Ce nom ne disait rien à l'abbé et ne lui
rappelait aucun souvenir; peu importait; il est
tant de gens que l'on confesse sans connaître
d'eux autre chose que leur conscience! « Soit,
partons. Où nous dirigeons-nous? — A la barrière des Fourneaux. » En ce temps-là, la paroisse s'étendait du marché de la volaille, dit
marché de la Vallée, sis sur le quai près de la
Monnaie, jusqu'à cette lointaine et légendaire
barrière des Fourneaux. « Si loin et par un temps
pareil! essaye encore de répliquer le pauvre
prêtre. Votre femme est donc dans un danger
pressant? — Oui, et elle vous réclame. » Il n'y

avait plus qu'à prendre son parapluie, meuble
en apparence indispensable, mais absolument
inutile, au fond, en un tel déluge, et à se mettre
bravement en route. Après une course rapide et
silencieuse à travers les amas de boue, les flaques
d'eau, les ruisseaux débordés, arrivé épuisé,
haletant, trempé jusqu'aux moelles, il fallut
gravir quatre étages. L'ouvrier marchait devant
pour indiquer le chemin ; sur le palier du qua-
trième s'ouvraient plusieurs portes ; l'homme en
pousse une ; une femme qui n'avait nullement
l'air malade cousait assise près d'une table, à la
lueur d'une lampe ; elle lève des yeux étonnés,
et, avant que M. Goujon, surpris de ne voir personne alité, eût pu ouvrir la bouche pour de-
mander ce que cela signifiait : « Ma femme, dit
à haute voix et d'un ton sérieux l'individu, tu
m'as toujours reproché d'être l'homme le plus
laid de France. Eh bien! je t'en amène un qui
est encore moins bien partagé que moi. » Et il
montre l'ecclésiastique. Le fait est que le visage
de M. Goujon, adouci plus tard et anobli par
l'âge, qui l'encadra d'une belle couronne de che-
veux blancs, mais qui n'offrait alors que des traits
assez rudement sculptés, ne rappelait que de fort
loin les lignes pures et la physionomie suave
prêtées par l'art chrétien au doux saint Jean

l'Évangéliste. Quoi qu'il en soit, se figure-t-on le saisissement, l'effarement, l'ahurissement qui s'empara du malheureux, récompensé de son zèle par une aussi cruelle mystification? Mesure-t-on les flots de colère sourde qui durent monter dans son cœur et en un instant l'envahir et le submerger? A-t-on l'idée du trouble soudain dans lequel il fut jeté, trouble qui le fit blémir encore, lui déjà si blême par nature, trouble dont la violence alla jusqu'à lui faire perdre un moment la parole, si tenté qu'il fût d'éclater? Il la recouvra cependant bientôt, et, redevenu maître de lui, s'en tira en homme d'esprit et, ce qui vaut encore mieux, en bon prêtre. Partant d'un éclat de rire, peut-être il est vrai plus bruyant que sincère : « Vous avez raison, mon ami, dit-il; l'enveloppe chez moi n'est pas belle; mais le dedans vaut mieux que le dehors, et, pour preuve, je vous pardonne de grand cœur le mauvais tour que vous venez de me jouer; j'espère même ainsi montrer par mon exemple qu'on peut être aussi bon que laid et vous aider par là à regagner le cœur de votre femme qu'un physique qui n'est guère plus avantageux que le mien a dû en effet vous aliéner. » Puis il se mit à causer familièrement, une heure durant, avec ces gens; il les charma par son esprit, et la légende prétend (nous ne savons jusqu'à quel point elle dit vrai) que par la suite l'homme et la femme furent ramenés au bon Dieu. Le mystifié s'était vengé.

En une autre circonstance que nous nous reprocherions également de laisser dans l'ombre, parce que celle-ci peint l'homme sous ses vraies couleurs, et que d'ailleurs l'abbé y tint tout le temps le bon bout, c'est lui qui se fit mystificateur, mais dans des vues de foi, comme bien on pense, pour la plus grande gloire de Dieu et pour le plus grand bien de l'âme qui commit la maladresse de s'offrir un instant à lui pour plastron. Un jour qu'il était de service ou, comme nous disons, de garde, un officier pénètre dans la sacristie ; il s'annonce comme devant se marier le lendemain, et déclare du ton du monde le plus naturel qu'il vient pour acheter un billet de confession. Il n'y a, dit le proverbe, pire sourd que celui qui ne veut point entendre ; notre confrère simule la surdité et oblige l'imprudent à répéter à trois ou quatre reprises, et chaque fois d'une voix plus claire et plus haute, sa malencontreuse requête. Feignant enfin d'avoir réussi à entendre, M. Goujon répond tranquillement qu'à l'église on ne vend pas de semblables billets, mais qu'il sera possible de s'en procurer chez l'imprimeur, dont il a soin d'indiquer l'adresse. À quoi l'officier de se laisser

prendre à l'air de simplicité de l'interlocuteur et
de repartir que l'imprimeur, ne confessant pas,
ne pourra signer le billet, et qu'il lui faut une
signature. Le prétre, qui jusqu'à ce moment était
assis, se levant alors, et des éclairs dans les yeux :
« Vous nous croyez donc assez misérables, nous
autres prétres, pour commettre de gaieté de cœur
un acte auquel se refuserait avec indignation un
industriel, et assez abandonnés de Dieu, nous ses
ministres, pour faire un faux et par-dessus le
marché un sacrilége, à raison sans doute de tant
d'écus par mots? Seriez-vous capable, vous, monsieur, qui avez essayé de nous corrompre par
l'appât de quelques pièces de monnaie, de for-
faire à ce point à l'honneur et d'attester à prix
d'or une chose que vous sauriez matériellement
fausse? Qui vous a donné le droit de me faire,
à moi vieillard, à moi votre égal par la probité
et votre supérieur par l'âge, cette amère, cette
insupportable injure? » Puis prenant à part l'officier, qui ne trouva pas un mot à répondre,
et adoucissant le ton, il lui fit toucher du doigt
l'indignité de son procédé, comme aussi l'étrange
naïveté qui lui avait fait admettre, sans même
l'ombre d'une hésitation, une bourde aussi in-
vraisemblable que le trafic des billets de confession; il lui démontra la nécessité, à tous les points

de vue, de cette confession sacramentelle si sage-
ment exigée par l'Église et par Notre-Seigneur
même ; finalement il le confessa, et quand
l'officier, se relevant joyeux, voulut, pour témoi-
gner sa reconnaissance au vieux prêtre de la
leçon salutaire qu'il en avait reçue et de la dé-
marche, si douce en somme, à laquelle celui-ci
était parvenu à le décider, lui offrir cette fois à
titre d'aumône pour les indigents cette même
pièce d'or, primitivement destinée à un achat
simoniaque, le prêtre, aussi sage en ceci qu'il avait
été dans le principe courageux et ferme, le re-
mercia poliment, affectueusement même, mais
se contenta de lui indiquer les différents troncs
placés dans l'église, pour qu'on ne pût l'accuser
d'avoir touché le moindre argent, fût-ce en faveur
des pauvres, à l'occasion de cette œuvre si déli-
cate qu'on appelle la confession des mariés.

En toute autre circonstance, la destination
charitable de l'offrande l'eût fait recevoir avec
reconnaissance. M. Goujon était très-aumônier.
Insensible au manége des mendiants de profession,
qui spéculent sur la compassion publique, et
repoussant même assez sévèrement leurs impor-
tunités, il ne laissait guère une vraie infortune
sans la secourir. Il préférait, et de beaucoup,
venir en aide à l'activité industrieuse et au travail

courageux que de courir le risque, par des libé-
ralités à contre-temps, d'encourager et d'entretenir la paresse. Nous croyons savoir que les
générosités du bon abbé ont parfois outre-passé
ses ressources, et nous pouvons affirmer, en tout
cas, que cet homme qui vivait si modestement,
qui a exercé si longtemps et qui d'ailleurs n'avait
pas la lourde charge d'un loyer, est mort sans
fortune.

C'est sans doute à cause des sérieuses qualités
de cœur du prêtre et d'un dévouement sacerdotal
sans ostentation, mais profond et sûr, que M. Goujon a été l'objet, de la part de certaines âmes,
d'attachements respectueux et reconnaissants
dont la durée exceptionnelle et la fidélité sans
exemple ont quelque chose d'attendrissant. S'il
est peu d'ecclésiastiques qui puissent compter
célébrer jamais, comme l'abbé Goujon, le cinquantième et surtout le soixantième anniversaire
de leur première messe et de leur entrée dans
une paroisse, il en est assurément moins encore
pour pouvoir espérer laisser derrière eux, à
l'exemple de notre très-respectable confrère, des
pénitents de cinquante et un, voire de cinquante-
six ans de date. Outre qu'il faut pour cela que le
bon Dieu y prête les mains en prolongeant l'existence au delà des limites ordinaires, ces saintes

et opiniâtres fidélités ne semblent plus beaucoup de notre époque.

Le ministère paroissial, si chargé qu'il soit de sa nature, ne suffisait pas complétement au zèle de M. Goujon; son activité réclamait d'autres débouchés. Il est une congrégation, celle des Dames religieuses de Sainte-Marie, qu'il tenait en grande estime, estime que d'ailleurs ces dames lui rendaient, en y ajoutant une pointe assez notable de reconnaissance. Les rapports entre le couvent et l'abbé avaient commencé de façon assez singulière, et les premières relations ne faisaient point prévoir ce qu'elles deviendraient dans la suite. La connaissance cependant datait de loin. Au moment de l'heureux retour à l'orthodoxie d'une partie des religieuses jansénistes de Sainte-Marthe, ces pieuses transfuges, qui avaient pris le nom de Sainte-Marie et qui venaient de maisons diverses, ne formaient pas encore une communauté bien compacte ni bien assise, et, à moins d'être prophète et de lire dans l'avenir, personne ne pouvait assurer une existence solide et de longue durée à la congrégation naissant dans des conditions si spéciales. En ce même temps, M. Goujon dirigeait deux jeunes filles que Dieu appelait à la vie religieuse et qui, hésitant sur le choix de l'Ordre où elles pourraient entrer, étaient sollicitées de se donner à Sainte-Marie. Leur directeur, en homme prudent, les en détournait de toutes ses forces. Il eut occasion de voir la supérieure et de s'entretenir avec elle, non sans lui dissimuler ses répugnances et ses craintes; Dieu permit que, dans ces entretiens, où le prêtre et la religieuse n'étaient que les instruments inconscients du Saint-Esprit leur commun Maître, craintes et répugnances battues en brèche n'aient pas tardé à perdre de leurs forces et finalement à disparaître. Or, comme les deux pénitentes de l'abbé Goujon eurent bientôt à remplir dans la communauté nouvelle des fonctions importantes et à y occuper des postes en rapport avec leurs mérites, il en résulta entre Sainte-Marie et l'ancien directeur un échange de conseils demandés et de services rendus. Quand il s'agit de chercher un local pour s'y établir, M. Goujon fut naturellement chargé de ce soin; c'est lui, qui, en 1848, trouva l'emplacement rue Bara, alors nommée rue Carnot; cette rue, avant le démembrement de notre paroisse, faisait partie du territoire de Saint-Sulpice; c'est également lui qui présida à l'installation et à l'agencement, besogne dans laquelle il était passé maître. Ces dames nous ont même confié qu'elles avaient eu quelquefois recours à lui pour le spirituel et pour l'intérieur, et qu'en ces circonstances elles

n'avaient pu qu'admirer l'élévation et la pro-
fondeur de doctrine de cet homme qui ne passait
cependant point pour mystique.

Les rapports entre la rue Bara et M. Goujon
durèrent jusqu'à la fin. Il y allait chaque année
chanter la grand'messe le jour de la première
communion; il ne cessa que du jour où il ne sortit
plus.

Donc M. Goujon avait vieilli; si fort qu'on soit,
on ne porte pas impunément le double poids des
années et du labeur. Aussi, lorsque, en 1874, la
liturgie romaine fut introduite à Paris, on eut
égard à des habitudes invétérées; on tint compte
de l'affaiblissement de la vue; on respecta un
attachement bien naturel à des rites gros de souvenirs pour le vieillard, et en vertu d'un indult
accordé dès le 19 décembre 1872 par Notre Saint-
Père le pape Pie IX, Son Éminence le Cardinal
archevêque autorisa « M. l'abbé Goujon, du clergé
de Saint-Sulpice, à continuer la récitation du bré-
viaire de Paris ».

Nous venons de dire que depuis quelque temps
M. Goujon ne sortait plus de l'église; mais, malgré
son âge et quoiqu'il eût cru devoir renoncer à son
titre de vicaire, il continuait à descendre au confessionnal, et on le vit célébrer encore le saint sacrifice
pour la dernière fête de saint Charles, patron du

clergé de la paroisse. « C'est autant de pris »,
disait-il familièrement et avec un sourire. Moins
de quatre jours après, le 8 novembre 1886, dans
la nuit, il décédait à l'âge de quatre-vingt-quatre
ans et demi, sans autre maladie que la vieillesse,
et sans avoir voulu appeler de lui-même le mé-
decin. Ces constitutions si vigoureuses se croi-
raient volontiers immortelles. Mais, hélas! par
quelle fatalité arrive-t-il que nous, qui avons
visité, consolé, administré durant notre vie tant
de malades, nous ne soyons que trop souvent
privés, à l'heure de notre mort, de la grâce si
désirable des sacrements! Reconnaissons toutefois ici, et que ce soit en la circonstance présente notre consolation, que le vieux soldat est
mort les armes à la main; ce qui certes est une
belle façon de finir.

Les obsèques de M. Goujon ont été célébrées
à Saint-Sulpice, le jeudi 11 novembre 1886, au
milieu d'une nombreuse assistance de fidèles et
de prêtres, et qui paraissait telle, nonobstant la
grandeur du vaisseau. Parmi les membres du
clergé accourus des différents points de Paris,
deux surtout, deux curés, attiraient l'attention;
ils voudront bien nous permettre de les nom-

mer, à cause de la singularité du fait : c'étaient
M. Lamarche, curé de Sainte-Marie des Bati-
gnolles, et M. Gaultier de Claubry, curé de
Saint-Jean-Saint-François, tous deux baptisés
par M. Goujon.

PARIS

TYPOGRAPHIE DE E. PLON, NOURRIT ET Cie

8, rue Garancière.

www.ingramcontent.com/pod-product-compliance
Ingram Content Group UK Ltd.
Pitfield, Milton Keynes, MK11 3LW, UK
UKHW031737170726
13836UKWH00002B/718